Inhaltsverzeichnis

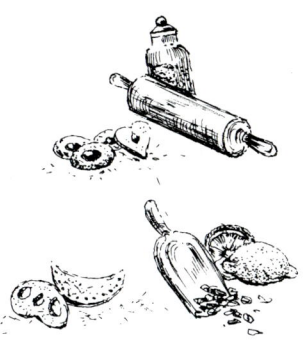

Abkürzungen: EL = Eßlöffel   TL = Teelöffel   MS = Messerspitze
Mit Streumehl ist stets Weizenvollkornmehl gemeint

Zucker –
Hintergründe und Wahrheiten

Jedes neue Nahrungsmittel würde sofort verboten, hätte es auch nur die Hälfte der Wirkungen, wie sie der Zucker hat. Mit diesem Ausspruch hat Prof. Yudkin, Biochemiker und Ernährungsphysiologe am ernährungswissenschaftlichen Institut des Queen Elizabeth College der Universität London auf die Gefährlichkeit des Zuckers nachdrücklich hingewiesen. In 25jähriger Forschungsarbeit erkannte er den ursächlichen Zusammenhang zwischen Zuckerkonsum und den vermehrt auftretenden ernährungsbedingten Zivilisationskrankheiten.

Fabrikzucker ist kein Naturprodukt

Was ist Zucker? Was im allgemeinen Sprachgebrauch so genannt wird, ist kein Naturprodukt. Obwohl er aus dem Zuckerrohr oder der Zuckerrübe gewonnen wird, hat der industrielle Verarbeitungsprozeß ein Produkt entstehen lassen, das nirgends in der Natur in dieser konzentrierten und isolierten Form vorkommt. Der sogenannte Industrie- oder Fabrikzucker ist ein 99,9%iges Kohlenhydrat, beraubt aller Vitalstoffe, die für die menschliche Gesundheit von größter Bedeutung sind. Jedes natürliche Lebensmittel besteht aus den 3 Grundnährstoffen Eiweiß, Fett und Kohlenhydraten und einer Vielzahl von biologischen Wirkstoffen (= Vitalstoffen), so auch die Zuckerrübe und das Zuckerrohr vor ihrer Verarbeitung.

Die Ernährungswissenschaft hat klar nachgewiesen, daß der menschliche Körper nicht den geringsten Bedarf an industriell hergestelltem Zucker hat. Der Wunsch danach wurde ihm, meist schon als Säugling mit der Flaschennahrung, anerzogen. Das natürliche Verlangen des Menschen nach Süßem befriedigt die Natur mit ihren köstlichen Früchten und Beeren. Diese natürliche Süße im Gesamtverbund eines Lebensmittels schadet selbst in größeren Mengen genossen nicht, sondern fördert Gesundheit, Leistungsfähigkeit und Ausdauer.

Die Schädlichkeit des Fabrikzuckers liegt aber nicht nur in seiner Vitamin- und Mineralstoffarmut, sondern vor allem darin, daß er dem Körper im Stoffwechselprozeß wichtige Vitamine entzieht. Der Abbau von Zucker ist nur mit Hilfe von B-Vitaminen möglich. Deshalb ist Zucker der größte Vitamin-B-Räuber. Zuckergenuß ist immer gleichbedeutend mit erhöhtem Bedarf oder Verbrauch von B-Vitaminen. Durch den Verzehr von Auszugsmehlen und daraus hergestellten Produkten hat der zivilisierte Mensch jedoch bereits einen erheblichen Mangel an diesen Vitaminen. (Näheres darüber in dem in dieser Reihe erschienenen Heft *Kleingebäck und Vollkornbrote*). Dieser Mangel wird schon durch den ständigen Genuß auch kleiner Mengen Fabrikzuckers nochmals verstärkt und führt unweigerlich zu tiefgreifenden schädigenden Folgen. So ist der Zuckergenuß mitverursachend für Zahnschäden aller Art, krankhafte Veränderungen des Knochensystems (Zucker als Kalkräuber!), für Arteriosklerose und ihre gefürchtetste Komplikation, den Herzinfarkt, für eine Vielzahl von Magen-, Galle-, Leber- und Darmerkrankungen, für Stoffwechselerkrankungen wie Fettsucht, Zuckerkrankheit und Gicht sowie für alle rheumatischen Erkrankungen. Auch für Akne, Depressionen, Nervosität, Neigung zu Angst- und Erregungszuständen und für die Entstehung des Krebses ist Zucker mit verantwortlich. Bei hohen körperlichen Anstrengungen und Leistungen wie schwerer körperlicher Arbeit, Leistungssport, in der Schwangerschaft und Stillzeit, in den Wachstumsperioden der Kinder, besteht ein erhöhter Bedarf an B-Vitaminen. Gerade in diesen Zeiten ist die Gefahr von Mangelzuständen durch Zuckergenuß besonders groß.

Die schädigenden Einflüsse des Zuckers sind aus Medien, ärztlicher Aufklärung und Fachliteratur eigentlich schon Allgemeinwissen. Dieses Wissen

Die Schädlichkeit des Fabrikzuckers

4

aber in die tägliche Küchen- und Ernährungspraxis umzusetzen, also auf Fabrikzucker und fabrikzuckerhaltige Nahrungsmittel einschließlich vieler Getränke zu verzichten, ist ein schwieriger und oftmals weiter Weg.

Die irreführende Zuckerwerbung Durch eine ausgeklügelte Werbung und das ständige Wiederholen von Halbwahrheiten wird der Verbraucher mit Informationen versorgt, die seinen sonst wachen Verstand allmählich einschläfern. Der angebliche gesundheitliche Nutzen des Genußmittels und des teilweise schon zur Droge gewordenen Fabrikzuckers wird unter Anwendung psychologischer Tricks angepriesen. Forschungsergebnisse über den natürlichen Zucker werden auf das Industrieprodukt Zucker geschickt übertragen.

Jede Körperzelle, vor allem von Gehirn und Nerven, benötigt als Energiequelle naturbelassene kohlenhydrathaltige Lebens- und Nahrungsmittel wie Getreide, Kartoffeln, Gemüse, Obst, die durch den Stoffwechsel in Zucker umgewandelt werden. Dieser Zucker stand den Zellen seit Jahrtausenden zur Verfügung, also auch zu einer Zeit, als es noch keine industrielle Zuckerherstellung gab. Es ist die Absicht der modernen Zuckerwerbung, Fabrikzucker mit den natürlichen Kohlenhydraten gleichzusetzen und damit den Menschen einzureden, Traubenzucker sei ebenso wertvoll wie Weintrauben, Fruchtzucker sei gleichwertig mit Früchten und fabrikzuckergesüßte Nahrungsmittel seien naturbelassenen kohlenhydrathaltigen Lebens- und Nahrungsmitteln gleichzusetzen. Mit der sogenannten Kalorienlehre wird versucht, diese Werbeaussagen zu untermauern.

Gleichgültig wie die in der Fabrik hergestellten Zuckerarten heißen: Weißer und brauner Zucker

(Saccharose), Traubenzucker (Glucose), Fruchtzucker (Fructose), Malzzucker (Maltose), Milch-
zucker (Lactose) – sie alle sind gleichermaßen
schädlich. Besonders erwähnt sei der braune
Zucker, der fälschlicherweise für besser gehalten
wird als der weiße. Er ist ein verunreinigtes tech-
nisches Zwischenprodukt, dessen geringer Gehalt
an Mineralstoffen keinen nennenswerten Beitrag
für den Mineralbedarf des Menschen liefert.

Ein weiterer Nachteil des Fabrikzuckers ist die Stö-
rung der Verträglichkeit von Vollkornbrot, Frisch-
korngerichten und Frischkost bei Magen-, Galle-,
Leber- und Darmkranken. Fabrikzucker kann damit eine Heilung dieser Erkrankungen unmöglich
machen. Wird er, ebenso wie gekochtes Obst und
Säfte, vollkommen weggelassen, verschwindet in
kürzester Zeit die Unverträglichkeit der naturbelassenen Nahrung, die für die Heilung erforderlich
ist.

Die Zuckerraffinade gibt es zwar schon seit tausen-
den von Jahren. Wegen des beschränkten Ange-
bots und ihres hohen Preises stand sie aber nur
Reichen und Adeligen zur Verfügung. Die Volksge-
sundheit konnte sie deshalb nicht bedrohen, zumal
auch die übrige Nahrung nicht technisch verarbei-
tet war. Zu Beginn des 19. Jahrhunderts, als sich die
ersten Zuckerfabriken in Deutschland etablierten,

**Der offene und versteckte
Zuckerkonsum**

begann der allgemeine Zuckerverbrauch. Er stieg
von damals 2 kg pro Person im Jahr auf heute ca.
52 kg an, also auf ca. 1 kg pro Person und Woche.
Dieser enorme Zuckerverbrauch erfolgt teils offen-
kundig, teils versteckt. So ist in vielen Fertig-
Nahrungsmitteln Zucker in sehr hoher Quantität
enthalten, z. B. in vielen Fertigmüslis ca. 13–28%, in
Kakaogetränken ca. 70–97%, in Frühstücksflocken
ca. 25–50%, Nuß-Nougatcremes ca. 60%, Kinder-
schleckereien ca.11–97%, Marmeladen ca. 65%,

Schokolade ca. 50%, Tomatenketchup ca. 50%, Senf ca. 20%, Puddingpulver ca. 75%, Babyfertignahrung ca. 20–95%. Diese Aufzählung läßt den enormen Jahresverbrauch verständlich werden. Zwar könnte der aufgeklärte Verbraucher durch die Kennzeichnungspflicht der im Nahrungsmittel enthaltenen Bestandteile den Gesamtzuckeranteil erkennen, jedoch versteckt er sich oft hinter wissenschaftlichen Namen (siehe S. 4 u. 5), die alle das selbe bezeichnen, nämlich Fabrikzucker.

Zucker schädigt nicht nur den einzelnen Menschen, sondern auch das Volk als Gesamtheit. Die Kostenexplosion im Gesundheitswesen ist zu einem großen Teil auch auf den überhöhten Zuckerkonsum zurückzuführen. Der Anbau der Zuckerrübe und die Herstellung des Fabrikzuckers sind umweltschädigend und energieaufwendig.

Backen mit Honig

Die vitalstoffreiche Vollwertkost meidet den Fabrikzucker aus den oben genannten Gründen. Im allgemeinen genügt die Fruchtsüße, und wo zusätzlich gesüßt wird, werden Honig und Trockenfrüchte, letztere ungeschwefelt und ohne Konservierungsstoffe, verwendet.

Honig ist ein reines, vollkommenes Naturprodukt und gilt seit Jahrtausenden als Lebens- und Heilmittel. Noch heute steht Honig für ein langes, gesundes Leben. Er enthält neben 70–80% natürlichem Zucker viele biologische Wirkstoffe wie Vitamine, Enzyme, Mineralstoffe, Aminosäuren, verschiedene Säuren, Hormone, Inhibine und Duftstoffe. Diese bleiben trotz Erhitzung zum großen Teil erhalten.

Honig sollte nur von Fall zu Fall als notwendiges Süßungsmittel angewendet werden. Es ist empfehlenswert, Honig nur in bester Qualität zu verbrauchen. Es ist besser, seltener und weniger zu backen, als Honig schlechter Qualität mit oft penetrantem Geschmack zu verwenden. Honiggesüßtes Gebäck gehört nicht zur täglichen Vollwertkost, sondern sollte wie das Weihnachtsgebäck Feiertagen und Festen vorbehalten sein.

Die Honigmenge beim Backen

Bei honiggesüßtem Gebäck sollte die Honigmenge nicht mit dem Löffel geschätzt, sondern abgewogen werden. Dazu wird die Backschüssel mit eventuellen Zutaten gewogen und die zu verwendende Honigmenge dazugewogen. Flüssiger Honig eignet sich nicht nur besser zur Teigherstellung und somit auch zur Verbesserung der Backergebnisse, sondern läßt sich auch einfacher zuwiegen. Fester Honig wird durch längeres vorsichtiges Erwärmen im Wasserbad oder auf der Heizung wieder flüssig.

Die in den Rezepten angegebene Honigmenge kann je nach individuellem Geschmack auch verringert werden. Durch den Honig wird das Weihnachtsgebäck für einen begrenzten Zeitraum natürlich konserviert, so daß die Verwendung von geringeren Honigmengen auch die Haltbarkeit herabsetzt.

Der richtige Zeitraum für die Weihnachtsbäckerei ist die Adventszeit. In dieser Zeit gebacken, wird das Gebäck über die Weihnachtszeit hinaus haltbar sein.

Lagerung und Haltbarkeit des Gebäcks

Im allgemeinen ist Weihnachtsgebäck bei kühler, trockener Lagerung, am besten in Blechdosen bei leicht geöffnetem Deckel, 1–2 Monate ohne weiteres haltbar. Großgebäck wie Stollen, Früchtebrot und Zeidler-Brot sollte vor Austrocknung geschützt werden. Dazu eignen sich Frischhaltebeutel oder unter Umständen auch Alu-Folie. Hutzelbrot mit seinem geringen Honiganteil ist zum baldigen Verzehr bestimmt.

In der Umstellungsphase von Normalkost auf vitalstoffreiche Vollwertkost kann auch Honig bei Magen-, Galle-, Leber- und Darmerkrankungen Unverträglichkeit der Vollwertkost hervorrufen. Hier hilft nur totale Abstinenz für einige Zeit. Nach Ausheilung der Krankheiten kann Honig wieder nach individueller Verträglichkeit verwendet werden.

Mit diesen grundlegenden Ausführungen möchte ich anregen, Weihnachtsgebäck selbst herzustellen und dabei auf Fabrikzucker zu verzichten. Vollkornmehl und Honig bzw. Trockenfrüchte entwickeln einen hervorragenden Eigengeschmack, der Normalgebäck schnell vergessen läßt. Alle Menschen, die den süßen Geschmack in der Nahrung lieben, werden bei der vitalstoffreichen Vollwertkost nichts vermissen und darüber hinaus auch einen großen gesundheitlichen Nutzen haben.

Weihnachtsgebäck: Früchtebrot, Hutzelbrot, Zeidler-Brot

Butterplätzchen

400 g Weizenvollkornmehl
1 TL Zimt
175 g Honig
1 Ei
1 EL echter Arrak
250 g Butter

zum Bestreichen:
3–4 EL Milch

Titelbild u. Abb. S. 16/17

Frisch gemahlenes Weizenvollkornmehl in einer Schüssel mit Zimt vermischen. Honig, Ei und Arrak darin verrühren und kalte Butter klein darüberschneiden. Alles zu einem glatten Teig zusammenkneten und diesen zugedeckt ca. 12 Stunden oder über Nacht ruhen lassen.

Teig vierteln und nacheinander jedes Viertel auf leicht bemehlter Arbeitsfläche ca. 4–5 mm dick auswalken. Ausstecher in Mehl tauchen, Plätzchen ausstechen und auf ungefettetes, leicht bemehltes Backblech legen und mit Milch bestreichen.
Die angegebene Teigmenge ergibt 2 Backbleche Plätzchen, sie können eng gelegt werden.

Im vorgeheizten Ofen bei 175°, mittlere Schiene, 10–15 Minuten backen. Auf dem Blech erkalten lassen und sie dann vorsichtig abnehmen.

Florentiner

Nußmasse: Haselnüsse in der Pfanne kurz rösten, dabei Pfanne ständig hin und her schieben, dann Nüsse in ein Tuch geben und fest reiben, damit sich die Schale ablöst.
Geschälte Mandeln und Haselnüsse mit der Rohkostmaschine (Scheibentrommel) blättrig schneiden. Mit Zimt, abgeriebener Zitronenschale, Zitronat und Orangeat mischen, Honig dazuwiegen und verrühren.

Teig: Sahne und Butter zum Kochen bringen, von der Kochstelle nehmen, frisch gemahlenes Weizenvollkornmehl dazugeben und zu einem glatten Teig rühren. Nun Nußmasse einrühren, mit der Hand gut mischen und die Florentiner wie folgt formen: Einen gehäuften Teelöffel Florentinerteig mit den Händen zu einer Kugel formen und im Handteller flach drücken. Auf ein leicht gefettetes Backblech legen.

Die Menge ergibt ca. 55 Stück (2 Backbleche).
Im vorgeheizten Ofen bei 200° auf der obersten Schiene 15 Minuten backen.

Guß: Bitterschokolade mit Sahne erhitzen und glattrühren.
Die Rückseite der frisch gebackenen Florentiner mit warmem Guß bestreichen (mit dem Pinsel). Auf ein Gitter legen und über Nacht trocknen lassen.

Die Florentiner in einer geschlossenen Dose kühl aufbewahren. Sie sind einige Wochen haltbar.

Nußmasse:
80 g Haselnüsse
120 g Mandeln, geschält
1 TL Zimt
Schale von 1 Zitrone, unbehandelt,
100 g Zitronat, kleingewürfelt
100 g Orangeat, kleingewürfelt
125 g Honig

Teig:
¼ l Sahne
50 g Butter
150 g Weizenvollkornmehl

Guß:
75 g Bitterschokolade
⅛ l Sahne

Abb. S. 16/17

Haselnußplätzchen

2 Eier, getrennt
200 g Honig
1 MS Vanille
275 g Haselnüsse

35 Oblaten, ⌀ 40 mm

zum Verzieren:
35 ganze Haselnüsse

Titelbild u. Abb. S. 16/17

Unter den steifen Eischnee Honig, Eigelb und Vanille rühren, dann fein gemahlene Haselnüsse unterheben. Teig 1–2 Stunden ruhen lassen.
Mit angefeuchteten Händen Kugeln formen (jeweils ca. 1 TL Teig) und etwas flachdrücken. Auf Oblaten legen und in die Mitte eine ganze Haselnuß setzen.

Bei 175°, 2. Schiene von unten, 25–30 Minuten backen.
Die Menge ergibt ca. 35 Plätzchen (1 Backblech).

Husarenkrapfen

250 g Weizenvollkornmehl
1 MS Vanille
2 Eigelb
100 g Honig
150 g Butter

zum Bestreichen:
1 Eigelb und 1 TL Wasser

zum Verzieren:
ca. 50 g gehackte Mandeln
4 EL Johannisbeermarmelade,
honiggesüßt

Titelbild u. Abb. S. 16/17

In einer Schüssel das frisch gemahlene Weizenvollkornmehl mit Vanille mischen, Eigelb und Honig darunterrühren, kalte Butter fein darüberschneiden und alles rasch zusammenkneten. Teig ca. 2 Stunden ruhen lassen.
Aus dem Teig eine lange Rolle formen und in ca. 40 Teigstücke schneiden. Aus jedem Teigstück eine Kugel drehen und mit dem Stiel eines kleinen Kochlöffels eine Vertiefung hineindrücken.

Eigelb mit Wasser verrühren, Plätzchen damit bestreichen und mit der bestrichenen Seite in die gehackten Mandeln drücken. Die Vertiefungen nochmals mit dem Kochlöffelstiel nachdrücken und mit einer Garnierspritze etwas Marmelade hineinspritzen.

Auf ein ungefettetes Backblech legen und bei 190° ca. 15–20 Minuten, mittlere Schiene, backen.
Ergibt ca. 40 Krapfen (1 Backblech).

Ingwerherzen

Butter und Honig cremig rühren, dann Ei dazuge-ben. Frisch gemahlenes Weizenvollkornmehl mit Backpulver und den angegebenen Gewürzen mi-schen, unter die Rührmasse geben und alles rasch zusammenkneten. Den weichen Teig einige Stun-den oder über Nacht kühl ruhen lassen.

Den Teig in kleinen Portionen 3–4 mm dick auswal-ken und mit einer Form Herzen ausstechen. Die Herzen mit Milch bestreichen. Ingwerpflaumen in dünne Scheiben schneiden, mit dem Apfelausste-cher daraus Scheibchen ausstechen und diese je-weils auf ein Herz in die Mitte legen.

Auf einem bemehlten Backblech bei 175°, mittlere Schiene, 10–12 Minuten backen.
Ergibt ca. 55 Herzen (2 Backbleche).

125 g Butter
200 g Honig
1 Ei
350 g Weizenvollkornmehl
1 TL Backpulver
3 TL Ingwer, gemahlen
1 MS Kardamom, gemahlen
1 MS Cayennepfeffer

zum Bestreichen:
2 EL Milch

zum Verzieren:
6 Ingwerpflaumen, kandiert

Abb. S. 16/17

Kokosberge

2 Eier
150 g Honig
200 g Kokosraspeln
40 Oblaten, ⌀ 40 mm
Abb. S. 16/17

Eier und Honig schaumig rühren (ca. 5 Minuten mit dem Elektroquirl), Kokosraspeln unterziehen und Teig 30 Minuten quellen lassen.
Mit einem Teelöffel kleine Häufchen auf Oblaten setzen und Teig gleichmäßig (zu einem Berg) formen.

Im vorgeheizten Ofen bei 175°, mittlere Schiene, ca. 15 Minuten backen.
Ergibt ca. 40 Plätzchen (1 Backblech).

Kokosmakronen

2 Eiweiß
125 g Honig
Saft und Schale von ½ Zitrone, unbehandelt
175 g Kokosflocken
35 Oblaten, ⌀ 40 mm
Titelbild u. Abb. S. 16/17

In den steifen Eischnee unter Rühren Honig, Zitronensaft und -schale geben. Kokosflocken unterheben und 2 Stunden kühl stellen.

Auf Oblaten mit einem Teelöffel kleine Teighäufchen setzen und bei 175° ca. 10–15 Minuten, mittlere Schiene, backen.
Ergibt ca. 35 Stück (1 Backblech).

Linzer Teigkranzerl

In einer Schüssel frisch gemahlenes Weizenvollkornmehl mit fein geriebenen Haselnüssen, Mandeln und Bittermandeln, Zimt, Nelken und Vanille
mischen. Honig und Ei darin verrühren, kalte Butter
klein darüberschneiden, alles zu einem glatten
Teig kneten und diesen 1 Stunde ruhen lassen.

Teig halbieren und nacheinander jede Hälfte auf
einer leicht bemehlten Arbeitsfläche ca. 2 mm dick
auswalken.

Ein Linzer Teigkranzerl besteht aus 2 Plätzchen,
eines ohne Loch – darauf wird nach dem Backen
Marmelade gestrichen – und eines mit 1–3 Löchern.
Zur Herstellung dieser Plätzchen wird die zweitei-
lige Ausstechform auseinandergenommen. Mit
dem gewellten Formteil werden die Plätzchen ohne
Loch ausgestochen. Danach die Ausstechform wieder zusammensetzen und die Plätzchen mit Löchern ausstechen. Zum besseren Herauslösen der
gelochten Plätzchen wird der Auswerfer gedrückt.

Die angegebene Teigmenge ergibt nach Größe
der Ausstechform bei einem
Ø 6,5 cm = 20 Plätzchen ohne Loch und
           20 Plätzchen mit Loch
Ø 5 cm = 40 Plätzchen ohne Loch und
           40 Plätzchen mit Loch.
Beide Mengen passen auf je 2 Backbleche.

Auf ein ungefettetes Backblech je 10 ungelochte
Plätzchen (oder 20 kleine) und 10 gelochte Plätzchen (oder 20 kleine) legen. Die gelochten Plätzchen mit verdünntem Eidotter bestreichen und mit
geschälten, fein gehackten Mandeln bestreuen.

Im vorgeheizten Ofen bei 175°, mittlere Schiene,
10–15 Minuten backen. Aus dem Ofen nehmen, die
Plätzchen ohne Loch mit Johannisbeermarmelade
bestreichen und die gelochten Plätzchen daraufsetzen. Auf einem Gitter auskühlen lassen.

250 g Weizenvollkornmehl
75 g Haselnüsse und Mandeln,
   gemischt
6 Bittermandeln
2 TL Zimt
2 MS Nelken
1 MS Vanille
100 g Honig
1 Ei
120 g Butter

zum Verzieren:
1 Eidotter + 1 TL Wasser
90 g geschälte, gehackte Mandeln
100 g Johannisbeermarmelade,
   honiggesüßt

Abb. S. 16/17

*Abbildung folgende
Seiten:
Weihnachtsplätzchen (von
links nach rechts):
Mandelplätzchen, Welser
Ringerl, Ingwerherzen,
Mandelkränzchen, Mandel-
mohrchen, Kokosberge,
Haselnußplätzchen,
Butterplätzchen, Husaren-
krapfen, Nußbrezeln,
Zitronenlaibchen, Kokos-
makronen, Linzer Teig-
kranzerl, Wiener Nuß-
plätzchen, Florentiner,
Pfeffernüsse, Nußprinten*

Mandelkränzchen

Teig:
250 g Weizenvollkornmehl
1 MS Vollmeersalz
80 g Honig
2 Eidotter
125 g Butter

Belag:
3 Eiweiß
175 g Honig
250 g Mandeln
2 MS Muskatblüte

6 EL Johannisbeermarmelade,
honiggesüßt

Titelbild u. Abb. S. 16/17

Frisch gemahlenes Weizenvollkornmehl mit Salz, Honig und Eidottern verrühren, kalte Butter fein darüberschneiden und alles rasch zusammenkneten. Teig 1 Stunde ruhen lassen.

Auf leicht bemehlter Arbeitsfläche Teig dünn auswalken. Kleine runde Plätzchen (Ø 5 cm) ausstechen und auf ein ungefettetes Backblech legen.

Für den Belag Eiweiß steif schlagen, Honig dazurühren und fein geriebene Mandeln und Muskatblüte unterziehen. Masse ca. 30 Minuten ruhen lassen.

In einen Spritzbeutel mit großer Tülle einfüllen und auf jedes Plätzchen ein Kränzchen spritzen. In die Kränzchenmitte einen Tupfer Johannisbeermarmelade geben.

Im vorgeheizten Ofen bei 175°, mittlere Schiene, ca. 20 Minuten backen.
Ergibt ca. 70 Plätzchen (2 Backbleche).

Mandelmohrchen

Eischnee sehr steif schlagen und Honig dazurühren. Die fein geriebenen Mandeln mit Vanille, Muskatblüte und Kakao (oder Karobe) mischen und unter die Schaummasse ziehen. Teig 2 Stunden ruhen
lassen.
Mit einem Spritzbeutel, große Sterntülle, Teig auf
Oblaten in Häufchen spritzen.

Bei 175°, mittlere Schiene, 20–25 Minuten backen.
Ergibt ca. 40 Stück (1 Backblech).

4 Eischnee
180 g Honig
2 MS Vanille
1 MS Muskatblüte
2 EL Kakao oder Karobe
250 g Mandeln, ungeschält

40 Oblaten, ⌀ 40 mm

Titelbild u. Abb. S. 16/17

Mandelplätzchen

Butter, Honig und Vanille cremig rühren und Eier
nacheinander dazugeben. Abgeriebene Zitronenschale und -saft sowie die fein geriebenen Mandeln
und Bittermandeln unterheben. Teig ca. 2 Stunden
ruhen lassen.
Teig in einen Spritzbeutel füllen und mit der großen
Sterntülle Häufchen auf die Oblaten spritzen.

Bei 175°, mittlere Schiene, ca. 25 Minuten backen,
bis die Spitzchen braun werden.
Ergibt ca. 40 Plätzchen (1 Backblech).

30 g Butter
180 g Honig
1 MS Vanille
2 Eier
**Saft und Schale von ½ Zitrone,
    unbehandelt**
275 g ungeschälte Mandeln
10 Bittermandeln
40 Oblaten, ⌀ 40 mm
Titelbild u. Abb. S. 16/17

Nußbrezel

300 g Weizenvollkornmehl
100 g Haselnüsse
1 TL Zimt
½ TL Backpulver
1 Ei
150 g Honig
150 g Butter

zum Bestreichen:
1 Eidotter
1 TL Milch

Abb. S. 16/17

In einer Schüssel frisch gemahlenes Weizenvoll-kornmehl mit fein geriebenen Haselnüssen, Zimt und Backpulver mischen. Ei und Honig darin ver-rühren und kalte Butter klein darüberschneiden. Alles zu einem glatten Teig kneten und diesen ca. 1 Stunde ruhen lassen.

Auf leicht bemehlter Arbeitsfläche Teig in 4 Portio-nen geteilt 5–7 mm dick auswalken. Brezelausste-cher in Mehl tauchen, dann Brezel ausstechen und direkt auf das ungefettete Backblech durch Betäti-gung des Auswerfers setzen.
Eidotter mit Milch verrühren und damit Brezel be-streichen.

Die angegebene Teigmenge ergibt ca. 45 Brezeln, die auf 2 Backbleche passen.
Im vorgeheizten Ofen bei 175°, mittlere Schiene, 10–12 Minuten backen.

Nußprinten

175 g Honig
50 g Butter
2 EL Milch

250 g Weizenvollkornmehl
2 TL Backpulver
1 TL Anis, ganz
1 TL Zimt
1 MS Nelken

zum Verzieren:
ca. 250 g halbierte Haselnüsse
1 Eiweiß

Titelbild u. Abb. S. 16/17

Honig, Butter und Milch zusammen erwärmen, glattrühren und erkalten lassen.

Frisch gemahlenes Weizenvollkornmehl mit Back-pulver, Anis, Zimt und Nelken mischen und die abgekühlte Honigmasse unterrühren. Den weichen Teig über Nacht oder einige Stunden ruhen lassen.

Den Teig auf leicht bemehlter Arbeitsfläche ½ cm dick ausrollen, in Streifen von 3 × 5 cm Länge schneiden und auf ein gefettetes, bemehltes Back-blech legen. Mit Eiweiß bestreichen und dicht mit halbierten Haselnüssen belegen.

Im vorgeheizten Ofen bei 200°, mittlere Schiene, ca. 15 Minuten backen.
Ergibt ca. 30 Printen (1 Backblech).

*Lebkuchen: Gefüllte Lebkuchen, Nürnberger Haselnuß-Lebkuchen,
Elisenlebkuchen, Lebkuchenherzen, Sebalder Lebkuchen*

Pfeffernüsse

2 Eier
180 g Honig
Schale von 1 Zitrone, unbehandelt
30 g Zitronat
30 g Orangeat
30 g Mandeln

250 g Weizenvollkornmehl
1 TL Zimt
1 MS Kardamom
½ TL Cayennepfeffer
½ TL Natron
2 EL dunkler Kakao
oder Karobe

zum Bestreichen:
2 EL Milch

zum Verzieren:
45 halbe Walnußkerne

Titelbild u. Abb. S. 16/17

Eier und Honig schaumig rühren (mit dem Elektroquirl 10 Minuten), Zitronenschale fein hineinreiben und das fein geschnittene Zitronat und Orangeat sowie die geriebenen Mandeln unterziehen.

Frisch gemahlenes Weizenvollkornmehl mit Zimt, Kardamom, Cayennepfeffer, Natron und Kakao (oder Karobe) mischen und unter die Schaummasse heben. Den weichen Teig über Nacht ziehen lassen.

Mit einem Teelöffel Teig abstechen, daraus mit angefeuchteten Händen eine Kugel drehen, dann etwas flachdrücken und auf das gefettete Backblech legen. Mit Milch bestreichen und jeweils einen halben Walnußkern daraufsetzen.

Im vorgeheizten Ofen bei 175°, 2. Schiene von unten, 20 Minuten backen.
Ergibt ca. 45 Pfeffernüsse (1 Backblech).

Welser Ringerl

Frisch gemahlenes Weizenvollkornmehl mit Backpulver, Vanille und abgeriebener Zitronenschale
vermischen. Honig und Ei dazugeben und mit dem
Mehl verrühren. Kalte Butter klein darüberschneiden, alles zu einem glatten Teig kneten und diesen
1 Stunde ruhen lassen.
Teig vierteln und nacheinander jedes Viertel auf
einer leicht bemehlten Arbeitsfläche ca. 3 mm dick
auswalken.

Ein Welser Ringerl besteht aus 2 Plätzchen, eines
ohne Loch – darauf wird nach dem Backen die Füllung gestrichen – und eines mit Loch.
Zur Herstellung dieser Plätzchen wird die zwei-
teilige Ausstechform auseinandergenommen. Mit
dem gewellten Formteil werden die Plätzchen ohne
Loch ausgestochen. Danach die Ausstechform wieder zusammensetzen und die Plätzchen mit Loch
ausstechen.

Die angegebene Teigmenge ergibt ca. 40 Plätzchen
ohne Loch und 40 Plätzchen mit Loch, also 40 Welser
Ringerl. Die Plätzchen passen auf 2 Backbleche, sie
können eng gelegt werden.
Auf ein ungefettetes Backblech je 20 ungelochte
Plätzchen und 20 gelochte Plätzchen legen. Die gelochten Plätzchen mit verdünntem Eidotter bestreichen.
Im vorgeheizten Ofen bei 175°, mittlere Schiene,
10–15 Minuten backen. Plätzchen auskühlen lassen.

Füllung: Butter, Honig, Erdnußmus und Kakao glatt
verrühren. Ungelochte Plätzchen damit bestreichen und gelochte Plätzchen daraufsetzen.
Als Füllung kann auch Aprikosenmarmelade, honiggesüßt, verwendet werden.

Plätzchen kühl aufbewahren.

500 g Weizenvollkornmehl
2 TL Backpulver
½ TL Vanille
Schale von 1 Zitrone,
   unbehandelt
200 g Honig
1 Ei
200 g Butter

zum Bestreichen:
1 Eidotter + 1 TL Milch

Füllung:
60 g Butter
60 g Honig
60 g Erdnußmus
1 TL dunkler Kakao

Titelbild u. Abb. S. 16/17

Wiener Nußplätzchen

150 g Weizenvollkornmehl
75 g geriebene Haselnüsse
1 MS Zimt
50 g Honig
1 Eigelb
80 g Butter

Belag:
2 Eiweiß
70 g Honig
100 g Haselnüsse

zum Verzieren:
50 ganze Haselnüsse

Titelbild u. Abb. s. 16/17

Frisch gemahlenes Weizenvollkornmehl in eine Schüssel geben und mit geriebenen Haselnüssen und Zimt mischen. Honig und Eigelb darin verrühren, die kalte, fein geschnittene Butter darübergeben und alles rasch zusammenkneten. Teig eine Stunde ruhen lassen.
Dann in kleinen Portionen dünn auswalken, mit einem Glas ⌀ 4 cm Plätzchen ausstechen und auf ein gefettetes Backblech legen.

Eiweiß steif schlagen, Honig dazugeben, noch etwas schlagen und die fein geriebenen Haselnüsse unterziehen. Diese Masse in einen Spritzbeutel mit großer Sterntülle füllen und einen großen Tupfer auf jedes Plätzchen spritzen. Darauf jeweils eine ganze Haselnuß setzen.

Im vorgeheizten Ofen bei 175°, mittlere Schiene, ca. 10 Minuten backen.
Ergibt ca. 50 Plätzchen (1 Backblech).

Zitronenlaibchen

2 Eiweiß
325 g Honig
Saft und Schale von 2 Zitronen, unbehandelt
400 g ungeschälte Mandeln
60 g Zitronat

60 Oblaten, ⌀ 40 mm

zum Verzieren:
60 abgeschälte, halbierte Mandeln

Titelbild u. Abb. S. 16/17

Unter den steifen Eischnee Honig, abgeriebene Zitronenschale und Zitronensaft rühren. Fein geriebene Mandeln und fein geschnittenes Zitronat unterheben. Teig 1 Stunde ruhen lassen.
Mit einem Teelöffel Teig abstechen und mit angefeuchteten Händen Kugeln formen. Auf Oblaten setzen und eine halbierte, abgeschälte Mandel darauflegen.

Bei 175°, mittlere Schiene, ca. 30 Minuten backen. Die Laibchen sollten leicht hellbraun sein.
Ergibt ca. 60 Plätzchen (1 Backblech).

Basler Leckerli

Mandeln und Haselnüsse grob hacken, Zitronat und Orangeat klein würfeln, mit Kirschwasser tränken, gut mischen und zugedeckt ziehen lassen.
Frisch gemahlenes Weizenvollkornmehl in einer Schüssel mit Lebkuchengewürz mischen, eine Vertiefung drücken und abgeriebene Zitronenschale, Zitronensaft, Eier, Honig, zerlassene Butter, das in Wasser aufgelöste Hirschhornsalz und getränkte Nüsse und Früchte hineingeben. Von der Mitte aus alles gut mit dem Vollkornmehl vermengen. Teig einige Stunden oder über Nacht ruhen lassen.

Teig auf einem gefetteten, bemehlten Backblech auswalken und mit dem in Wasser getauchten Teigschaber glatt verstreichen. Auf dem Teig mit Lineal und Messer die Stückgröße von 3 × 4 cm vormarkieren. Mit in Milch geschlagenem Eigelb bestreichen und die Walnußkern-Viertel auf jedes Stück auflegen.

Bei 175°, unterste Schiene, ca. 25 Minuten backen. Noch warm mit scharfem Messer in vormarkierte Stücke (ca. 100) schneiden, auskühlen lassen und vom Blech nehmen.
Einige Tage durchziehen lassen.

125 g ungeschälte Mandeln
125 g Haselnüsse
75 g Zitronat
75 g Orangeat
4 EL Kirschwasser, 40%

750 g Weizenvollkornmehl
**20 g (5 TL) Lebkuchengewürz
(bestehend aus Zimt, Koriander,
Nelken, Stern-Anis, Piment, Muskat,
Ingwer)**
**Saft und Schale von 1 Zitrone,
unbehandelt**
3 Eier
650 g Honig
50 g Butter
2½ g Hirschhornsalz
10 EL Wasser

zum Bestreichen:
1 Eigelb
1 TL Milch

zum Verzieren:
ca. 100 g Walnußkern-Viertel

Abb. S. 34

Abbildung folgende Seiten:
Weihnachsstollen: Christstollen, Weihnachtsbrot, Mohnstollen, Quarkstollen

Elisen-Lebkuchen

3 Eier
270 g Honig
375 g Mandeln
20 Bittermandeln
60 g Zitronat
60 g Orangeat
2 TL Zimt
2 MS Nelken
Schale von 1 Zitrone, unbehandelt
½ TL Backpulver

35 Oblaten, ⌀ 7 cm

zum Verzieren:
100 g halbierte, abgezogene Mandeln

Abb. S. 21

Eier mit dem Rührgerät schaumig schlagen, flüssigen Honig hineinlaufen lassen und ca. 15 Minuten weiter schaumig schlagen.
Die ungeschälten Mandeln und die Bittermandeln fein reiben. Zitronat und Orangeat klein würfeln. Die Gewürze, das Backpulver sowie das Zitronat und Orangeat mit den Mandeln vermischen und unter die Schaummasse rühren.

Jeweils ca. 1 EL Teig auf jede Oblate streichen, dabei Messer ab und zu in Wasser tauchen. In die Mitte 3 abgezogene, halbierte Mandeln legen und über Nacht trocknen lassen.

Auf ein Backblech geben und bei 160°, mittlere Schiene, 20 Minuten backen.
Die angegebene Menge ergibt 2 Backbleche.

Gefüllte Lebkuchen

Honig, Eier, zerlassene Butter und das im Wasser aufgelöste Hirschhornsalz verrühren. Frisch gemahlenes Weizenvollkornmehl mit Lebkuchengewürz mischen und unter Rühren dazugeben. Weichen Teig über Nacht ziehen lassen.

Füllung: Honig und Eier verrühren, geriebene Haselnüsse und Mandeln, fein geschnittenes Zitronat und Orangeat dazugeben.

Auf einer bemehlten Arbeitsfläche Teig ca. 4 mm dick auswalken. Mit einem Glas (Ø 6 cm) Plätzchen ausstechen, mit der Füllung bestreichen, dabei Rand freilassen und ein 2. Plätzchen daraufsetzen, fest andrücken oder mit dem Glas nachstechen.
Mit verrührtem Eidotter bestreichen, in die Mitte ein Scheibchen Zitronat (mit dem Apfelausstecher aus dem ganzen Zitronat Zylinder ausstechen und in Scheibchen schneiden) drücken und 5 abgezogene, halbierte Mandeln sternförmig herumlegen.

Im vorgeheizten Ofen bei 175°, mittlere Schiene, ca. 20 Minuten backen.
Ergibt ca. 35 Stück (2 Backbleche).

325 g Honig
2 Eier
80 g Butter
20 g (5 TL) Lebkuchengewürz (siehe S. 25)
5 g Hirschhornsalz
3 EL Wasser
500 g Weizenvollkornmehl

Füllung:
125 g Haselnüsse
60 g Zitronat
30 g Orangeat
30 g Mandeln
120 g Honig
2 Eier

zum Verzieren:
150 g Zitronat im ganzen
200 g geschälte, halbierte Mandeln
1 Eidotter
1 TL Milch

Abb. S. 21

Honigpfefferkuchen

1 kg Weizenvollkornmehl
1 TL Kardamom
1 TL Zimt
1 MS Nelken
5 MS Cayennepfeffer
4 TL Backpulver

2 Eier
850 g Honig
2½ g Hirschhornsalz
½ l Wasser

zum Verzieren:
150 g Zitronat im ganzen
ca. 200 g abgezogene, halbierte Mandeln

Abb. S. 34

Das frisch gemahlene Weizenvollkornmehl in einer Schüssel mit den angegebenen Gewürzen und dem Backpulver mischen.

Eier und Honig im Rührgerät schaumig rühren und das in Wasser aufgelöste Hirschhornsalz dazugeben und verrühren.

Das vorbereitete Vollkornmehl langsam dazurühren und Teig auf ein gut gefettetes Backblech mit allseitig hohem Rand gießen. Mit dem Teigschaber glattstreichen und 4 Reihen quer sowie 5 Reihen längs mit Messer und Lineal markieren, so daß später 30 Stücke entstehen.

Mit Zitronatscheibchen (aus dem Zitronat mit Apfelausstecher Zylinder ausstechen und in Scheibchen schneiden) und abgezogenen, halbierten Mandeln 30 Blumen auflegen, damit nachher, wenn der Honigkuchen aufgeschnitten wird, auf jedem Stück eine Blume ist.

Bei 175°, 2. Schiene von unten, 30–40 Minuten backen. Warm in Stücke schneiden.

Ausgekühlt in einer Dose aufbewahren. Am besten eignet sich eine Blechdose mit stets leicht geöffnetem Deckel. Erst nach einigen Tagen erreicht dieses Gebäck den vollen Wohlgeschmack.

Lebkuchenherzen

Honig und Butter cremig rühren, Eier nacheinander dazurühren. Frisch gemahlenes Weizenvollkornmehl mit Lebkuchengewürz, Kakao und Backpulver mischen und langsam hineinrühren. Teig rasch zusammenkneten und 1 Stunde ruhen lassen.

Teig in kleine Portionen teilen und auf leicht bemehlter Arbeitsfläche 3–4 mm dick auswalken. Mit Herzenausstechform Herzen beliebiger Größe ausstechen und auf ein leicht gefettetes Backblech legen. Nach Belieben mit dem Apfelausstecher aus den Herzen ein Loch ausstechen. So können die Herzen als Geschenkanhänger oder als Christbaumschmuck verwendet werden.

Bei 175°, mittlere Schiene, 12–15 Minuten backen. Die Teigmenge ergibt 2 Backbleche Herzen.

In einer kleinen Pfanne Schokolade mit Sahne erwärmen und glattrühren. Warme Herzen damit bestreichen. Auf einem Gitter auskühlen und trocknen lassen.

250 g Honig
75 g Butter
2 Eier

500 g Weizenvollkornmehl
20 g (5 TL) Lebkuchengewürz
    (siehe S. 25)
2 EL Kakao
2 TL Backpulver

zum Bestreichen:
50 g Bitterschokolade
8 EL Sahne

Abb. S. 21

Lebkuchenschnitten

150 g ungeschälte Mandeln
150 g Haselnüsse
150 g Rosinen, ungeschwefelt
100 g Zitronat
100 g Orangeat
4 EL Rum, 40%

125 g Butter
250 g Honig
3 Eier

400 g Weizenvollkornmehl
4 TL Backpulver
2 TL Zimt
2 EL dunkler Kakao oder Karobe

zum Bestreichen:
1 Ei

zum Verzieren:
ca. 100 g abgezogene, halbierte
Mandeln

Abb. S. 34

Mandeln und Nüsse reiben, gewaschene Rosinen und fein geschnittenes Zitronat und Orangeat mit Rum tränken, mischen und ziehen lassen.
Frisch gemahlenes Weizenvollkornmehl mit Backpulver, Zimt und Kakao (oder Karobe) mischen und mit den getränkten Nüssen und Früchten zur Schaummasse geben.

Teig mit einem in Wasser getauchten Teigschaber auf ein gefettetes, bemehltes Backblech glatt streichen. Mit verquirltem Ei bestreichen und mit Lineal und Messer in Stücke von 3×4 cm (ca. 100 Stücke) markieren. Auf jedes Stück eine halbierte Mandel legen.

Bei 175°, unterste Schiene, ca. 25 Minuten backen. Noch warm in Stücke schneiden und auf dem Backblech auskühlen lassen.
Einige Tage durchziehen lassen.

Mandel-Lebkuchen

Honig mit Eiern glatt verrühren, abgeriebene Zitronenschale und fein geschnittenes Zitronat und Orangeat dazugeben.
Frisch gemahlenes Weizen- und Roggenvollkornmehl mit Lebkuchengewürz und Backpulver mischen und langsam zur Honigmasse rühren. Hirschhornsalz in Wasser auflösen und dazurühren. Den Teig zugedeckt über Nacht ziehen lassen.

Abgezogene Mandeln fein hacken und auf einem leicht gefetteten Backblech verteilen. Lebkuchenteig auf einer leicht bemehlten Arbeitsfläche auswalken (etwa Backblechgröße) und auf das vorbereitete Backblech heben. Nun den Teig fest auf das Blech rollen, damit die Mandeln in den Teig eindringen und der Teig glatt auf dem Blech liegt. Mit Messer und Lineal die Lebkuchengröße vormarkieren (Ein Backblech ergibt ca. 12 Lebkuchen in der Größe 10 × 10 cm).

Ei mit einer Gabel durchschlagen und mit Pinsel die Teigfläche bestreichen. Nun jeden Lebkuchen mit halbierten Mandeln und Orangeatstückchen hübsch belegen.

Bei 175°, unterste Schiene, ca. 30 Minuten backen. Nach dem Backen Teig in noch warmem Zustand in die vormarkierten Lebkuchen-Stücke schneiden, vom Backblech nehmen und auf einem Gitter auskühlen lassen.
Vor dem Verzehr einige Tage durchziehen lassen.

500 g Honig
2 Eier
Schale von 1 Zitrone,
   unbehandelt
50 g Zitronat
50 g Orangeat

300 g Weizenvollkornmehl
300 g Roggenvollkornmehl
20 g (5 TL) Lebkuchengewürz
   (siehe S. 25)
2 TL Backpulver
2 MS Hirschhornsalz
6 EL Wasser

200 g abgezogene Mandeln
   etwas Streumehl

zum Verzieren:
1 Ei
ca. 200 g abgezogene, halbierte
   Mandeln
einige Orangeatstückchen

Abb. S. 34

Lebkuchen vom Blech: Mandellebkuchen, Honigpfefferkuchen,
Lebkuchenschnitten, Basler Leckerli

Nürnberger Haselnuß-Lebkuchen

Eier mit dem Rührgerät schaumig schlagen, langsam Honig dazugeben und ca. 15 Minuten weiter schaumig schlagen.

Geriebene Haselnüsse mit fein geschnittenem Zitronat und Orangeat sowie den Gewürzen vermengen und unter die Schaummasse rühren.

Jeweils ca. 1 EL Teig auf eine Oblate streichen, dabei Messer öfter in Wasser tauchen. Mit je einer Haselnuß in der Mitte verzieren und über Nacht trocknen lassen.

Auf ein Backblech geben und bei 160°, mittlere Schiene, 20 Minuten backen.

3 Eier
270 g Honig
375 g Haselnüsse
90 g Zitronat
90 g Orangeat
1 TL Zimt
1 MS Muskatblüte
1 MS Kardamom
1 Prise Muskatnuß, gerieben
½ TL Backpulver

30 Oblaten, ⌀ 7 cm

zum Verzieren:
Haselnüsse

Abb. S. 21

Sebalder Lebkuchen

Eier und Honig schaumig rühren, fein geschnittenes Zitronat und Orangeat sowie klein gehackte Mandeln dazugeben. Frisch gemahlenes Weizen- und Roggenvollkornmehl mit Zimt, Nelken, Kardamom und Muskatblüte mischen und dazurühren. Hirschhornsalz in Wasser aufgelöst in den Teig rühren.

Je 1 gehäufte EL Teig auf 20 Oblaten (2 Backbleche) verteilen und mit einem Messer (dieses immer wieder in Wasser tauchen) gleichmäßig auf der Oblate verstreichen. Mit je 5 abgezogenen, halbierten Mandeln verzieren und über Nacht trocknen lassen.

Bei 160°, 2. Schiene von unten, 20–25 Minuten backen.

4 Eier
250 g Honig
50 g Zitronat
50 g Orangeat
50 g ungeschälte Mandeln

300 g Weizenvollkornmehl
100 g Roggenvollkornmehl
1 TL Zimt
1 MS Nelken
1 MS Kardamom
1 MS Muskatblüte
1 MS Hirschhornsalz
2 EL Wasser

zum Verzieren:
ca. 125 g abgezogene, halbierte
**   Mandeln**

20 rechteckige Oblaten, 6,5 × 12 cm

Abb. S. 21

Lebkuchenteig für Ausstechfiguren

350 g Honig
1 Ei
500 g Weizenvollkornmehl
2 TL Backpulver
1 TL Zimt
2 MS Nelken

Abb. S. 38/39

Flüssigen Honig mit Ei verrühren und nach und nach das mit Backpulver und Gewürzen vermischte frisch gemahlene Weizenvollkornmehl dazurühren. Teig eine Stunde ruhen lassen.
Auf einer leicht bemehlten Arbeitsfläche Teig 3–4 mm dick auswalken und mit den Ausstechformen Figuren ausstechen.

Die Teigmenge ergibt:
24 Schaukelpferde oder
30 Knecht Rupprecht oder
36 Nikoläuse oder
10 Pärchen Hänsel und Gretel oder
30 Weihnachtsbäume oder
 5 Weihnachtsmänner

Figuren auf 2 leicht gefettete Backbleche legen, mit Milch bestreichen und nach Fantasie mit Korinthen, Rosinen, halbierten Haselnüssen und Mandeln, Walnußkernen oder ähnlichem verzieren.

Vorschläge für Verzierungen:

Schaukelpferd

Auge: Korinthe
Zügel: Pinien
Sattel: halbierte Haselnuß mit Pinien
Kufen: halbierte Haselnuß im Wechsel
         mit halbierter abgezogener Mandel

Knecht Rupprecht

Mütze: halbierte, abgezogene Mandel
Augen: Kortinthen
Hände und Schuhe: halbierte Haselnüsse
Mantel: halbierte, abgezogene Mandeln
Mantelknöpfe: Rosinen

Nikolaus

Mütze: halbierte Haselnüsse
Auge: Korinthe

Sack: Walnußkerne
Rocksaum und Hände: Rosinen

Hänsel und Gretel

Haare: Walnußkerne
Augen: Korinthen
Hände: halbierte Haselnüsse
Schuhe: halbierte, abgezogene Mandeln
Rock und Hose: mit Pinien markieren
Knöpfe: Rosinen

Weihnachtsbäume

Kerzen: Pinien
Stamm: Rosinen
Fuß: halbierte Haselnüsse

Weihnachtsmänner

Mütze: halbierte Haselnüsse
Auge: Korinthe
Sack: halbierte, abgezogene Mandeln
Arm: 1 Scheibe Zitronat
Hand: 1 halbierte, abgezogene Mandel
Rute: Orangeatstreifen mit Pinien
Schuhe: halbierte, abgezogene Mandeln

Bei 175°, mittlere Schiene, ca. 15 Minuten backen.
Auf einem Gitter auskühlen lassen.

*Abbildung folgende
Seiten:
Lebkuchenfiguren: Knecht
Rupprecht, Weihnachts-
bäume, Schaukelpferd-
chen, Hänsel und Gretel,
Nikolaus, Weihnachts-
mann, Honigpfefferkuchen*

Christstollen

250 g Sultaninen, ungeschwefelt
125 g Korinthen
125 g Orangeat
125 g Zitronat
200 g abgezogene Mandeln
$^1/_{16}$ l Rum, 40%

1 kg Weizenvollkornmehl
$^1/_4$ l Milch
100 g Hefe

100 g Butter
100 g Butterschmalz
1 Ei
175 g hellen Honig
Saft und Schale von 1 Zitrone, unbehandelt
1 TL Vollmeersalz

Streumehl

zum Verzieren:
50 g Butter
50 g Honig
50 g abgezogene Mandeln

Abb. S. 26/27

Sultaninen und Korinthen waschen, Zitronat und Orangeat kleinwürfelig schneiden und abgezogene Mandeln stifteln oder hacken. In einer Schüssel alles mischen, mit Rum tränken und zugedeckt über Nacht ziehen lassen.

Frisch gemahlenes Weizenvollkornmehl in eine Schüssel geben, Vertiefung drücken und darin die in lauwarmer Milch aufgelöste Hefe mit etwas Mehl zu einem dicklichen Brei rühren. Mit Mehl bestäubt ca. 20 Minuten gehen lassen.
In der Zwischenzeit Butter, Butterschmalz, Ei und Honig cremig rühren, abgeriebene Zitronenschale, Zitronensaft und Salz dazugeben.

Das Ganze nun zu dem gegangenen Vorteig geben, von der Mitte aus mit Mehl verrühren und dann zu einem glatten, geschmeidigen Teig kneten. Die getränkten Trockenfrüchte einkneten und den Teig in einer bemehlten Schüssel zugedeckt 1 Stunde an einem warmen Ort gehen lassen.

Den gegangenen Teig nochmals durchkneten, zu einem ovalen Teigstück (ca. Backblechgröße) auswalken, der Länge nach zusammenschlagen und einen Stollen formen. Auf ein gefettetes, bemehltes Backblech legen und mit dem Teigschaber die Stollenform begradigen und glattstreichen. Zugedeckt 1 Stunde gehen lassen.
Teig in den auf 250° vorgeheizten Ofen, 2. Schiene von unten, schieben, auf 175° zurückdrehen und ca. 50 Minuten backen. 15 Minuten im abgeschalteten Herd belassen.
Auf einem Gitter 1 Tag auskühlen lassen, dann in Folie oder Alu-Folie verpacken und kühl lagern.
Der Stollen gewinnt an Geschmack, wenn er mindestens eine Woche alt ist.

Verzierung: Vor dem Anschneiden Honig und Butter zerlassen, Stollen damit bestreichen und mit fein geriebenen Mandeln bestreuen.

Früchtebrot

Haselnüsse halbieren (kleine können ganz bleiben), Feigen und Datteln waschen und grob schneiden, Zitronat klein würfeln, Sultaninen waschen.

Honig, Eier und Rum schaumig rühren. Frisch gemahlenes Weizenvollkornmehl mit Backpulver und Zimt mischen und unter die Schaummasse rühren. Die vorbereiteten Nüsse und Früchte unter den Teig heben.

Kastenform (30 cm lang) fetten, mit Butterbrotpapier auslegen und dieses ebenfalls fetten. Teig hineingeben, glattstreichen und mit Mandeln und Zitronatscheibchen (mit Apfelausstecher aus der ganzen Frucht ausstechen und in Scheibchen schneiden) verzieren.

Bei 160°, unterste Schiene, ca. 1 Stunde backen.
Das leicht gebräunte Früchtebrot mit Honigwasser bestreichen und noch 5 Minuten im abgeschalteten Herd belassen. Dann auf ein Gitter stellen und kurz auskühlen lassen. Nach einigen Minuten Früchtebrot mit dem Papier aus der Form heben und weiter auskühlen lassen. Das Papier kann bis zum Verzehr am Brot bleiben.
Einige Tage durchziehen lassen. In dünnen Scheiben aufschneiden.

Die doppelte Zutatenmenge ergibt 3 Kastenformen mit je 25 cm Länge.

175 g Haselnüsse
175 g Feigen
125 g Datteln
125 g Zitronat
325 g Sultaninen, ungeschwefelt

125 g Honig
4 Eier
2 EL Rum, 40%

200 g Weizenvollkornmehl
1 gehäufter TL Backpulver
2 TL Zimt

zum Verzieren:
abgezogene, halbierte Mandeln
Zitronatscheibchen

zum Bestreichen:
1 TL Honig
1 TL Wasser

Abb. S. 9

Hutzelbrot

125 g getrocknete Birnen (Hutzeln)
125 g getrocknete Zwetschgen
125 g getrocknete Aprikosen, ungeschwefelt
125 g getrocknete Feigen

500 g Weizenvollkornmehl
2 TL Zimt
1 MS gemahlene Nelken
1 MS gemahlenen Anis
1 MS gemahlenen Fenchel
1 MS Vollmeersalz
¼ l Früchteeinweichwasser
40 g Hefe

50 g Honig
2 EL Rum, 40%

125 g Haselnüsse
125 g Sultaninen, ungeschwefelt
30 g Zitronat
30 g Orangeat

Streumehl

zum Verzieren:
einige abgezogene, halbierte Mandeln

zum Bestreichen:
Honigwasser (50 g Honig und 10 EL Früchteeinweichwasser)

Abb. S. 9

Birnen, Zwetschgen, Aprikosen und Feigen waschen und in ¾ l Wasser 8–10 Stunden einweichen. In ein Sieb gießen und in ein Gefäß abtropfen lassen. Dann grob schneiden.

Frisch gemahlenes Weizenvollkornmehl in eine Schüssel geben, mit den Gewürzen und Salz mischen, eine Vertiefung drücken und darin die im Früchteeinweichwasser aufgelöste Hefe mit etwas Mehl zu einem dicklichen Brei rühren. Mit Vollkornmehl bestäuben und ca. 15 Minuten gehen lassen. Honig und Rum dazugeben und alles zu einem glatten Teig kneten. Nun alle eingeweichten, grob geschnittenen Trockenfrüchte sowie die ganzen Haselnüsse, gewaschenen Sultaninen und das fein geschnittene Zitronat und Orangeat dazugeben. Alles gut durchkneten und in einer bemehlten Schüssel ca. 3 Stunden mit Tuch bedeckt gehen lassen.

Teig teilen und nach Belieben 2–4 kleine Laibe formen, auf ein gefettetes Backblech legen, mit Honigwasser bestreichen und mit halbierten, abgezogenen Mandeln verzieren. 1 Stunde gehen lassen.

Bei 175°, unterste Schiene, in den vorgeheizten Ofen geben und ca. 1 Stunde backen. Während des Backens mehrmals mit Honigwasser bestreichen. Auf einem Gitter auskühlen lassen.

Mohnstollen

Butter und Honig cremig rühren, die Eier nacheinander dazugeben. Schichtkäse, gewaschene Rosinen und klein gewürfeltes Zitronat dazurühren.

Frisch gemahlenes Weizenvollkornmehl mit Backpulver, Vanille, Salz, fein geriebenen Mandeln und Bittermandeln mischen und langsam hineinrühren. Teig kurze Zeit ruhen lassen.

Gemahlenen Mohn (Getreidemühle mit Keramik- oder Stahlmahlwerk, Einstellung wie für den Frischkornbrei) mit warmer Milch übergießen und 15 Minuten quellen lassen. Dann Zimt, Rum und Honig dazurühren.

Auf leicht bemehlter Arbeitsfläche Teig zu einem runden Stück (Ø ca. 35 cm) auswalken und mit der Mohnfüllung bestreichen. Teig von beiden Seiten bis zur Teigmitte einschlagen, dann von einer Seite nochmals zu ⅔ über die andere Seite schlagen. Auf ein leicht gefettetes Backblech heben und mit Teigschaber Stollen nachformen.

Bei 175°, 2. Schiene von unten, ca. 50 Minuten backen. Danach mit Honigwasser bestreichen und noch 5 Minuten im abgeschalteten Backrohr belassen.
Auf einem Gitter auskühlen und einige Tage durchziehen lassen.

150 g Butter
150 g Honig
2 Eier
250 g Schichtkäse (fester Quark)
100 g Rosinen, ungeschwefelt
50 g Zitronat

500 g Weizenvollkornmehl
4 TL Backpulver
2 MS Vanille
2 MS Vollmeersalz
100 g geschälte Mandeln
12 Bittermandeln

Füllung:
250 g Mohn
¼ l Milch
1 TL Zimt
1 EL Rum, 40%
100 g Honig

zum Bestreichen:
2 EL flüssiger Honig (50 g)
2 EL Wasser

Abb. S. 26/27

Quarkstollen

125 g Butter
175 g Honig
2 Eier
Schale von 1 Zitrone, unbehandelt
100 g abgezogene Mandeln
10 Bittermandeln
200 g Schichtkäse (= fester Quark)
150 g Sultaninen, ungeschwefelt
30 g Zitronat
30 g Orangeat

500 g Weizenvollkornmehl
4 TL Backpulver
1 MS Vollmeersalz
1 MS Vanille
1 MS Kardamom
1 MS Muskatblüte

zum Bestreichen:
30 g Butter

Abb. S. 26/27

Butter und Honig cremig rühren und Eier nacheinander dazurühren. Abgeriebene Zitronenschale, fein geriebene Mandeln und Bittermandeln, Schichtkäse, gewaschene Sultaninen und fein geschnittenes Zitronat und Orangeat dazugeben.
Frisch gemahlenes Weizenvollkornmehl mit Backpulver und angegebenen Gewürzen mischen und auch unterrühren.

Teig kurz kneten, auf einer bemehlten Arbeitsfläche zu einem ovalen Teigstück ausrollen. Der Länge nach zusammenschlagen, einen Stollen formen und auf ein gefettetes, bemehltes Backblech legen. Mit Teigschaber Stollen glattstreichen und nachformen.

Bei 175°, 2. Schiene von unten, ca. 55 Minuten backen. Gleich nach dem Backen mit zerlassener Butter bestreichen.
Den Stollen einige Tage durchziehen lassen.

Weihnachtsbrot

Rosinen waschen, Zitronat und Orangeat klein würfeln, Mandeln hacken, Zitronenschale abreiben, dann Zitrone auspressen, Rum dazugeben und alles mischen.

150 g Rosinen, ungeschwefelt
50 g Zitronat
50 g Orangeat
100 g abgezogene Mandeln
Saft und Schale von 1 Zitrone, unbehandelt
4 EL Rum, 40%

Frisch gemahlenes Weizenvollkornmehl mit Vanille, Kardamom, Muskatblüte und Salz mischen. Hefe in lauwarmer Milch auflösen und in die Mehlmitte gießen. Mit etwas Mehl zu einem dicklichen Brei verrühren, mit Mehl bestäuben und 15 Minuten gehen lassen.

750 g Weizenvollkornmehl
2 MS Vanille
2 MS Kardamom
2 MS Muskatblüte
1 TL Vollmeersalz
3/8 l Milch
60 g Hefe

Butter mit Honig cremig rühren, Ei dazurühren und mit den vorbereiteten Mandeln und Früchten zum gegangenen Vorteig geben. Alles gut zu einem glatten, lockeren Teig kneten und diesen 1 Stunde zugedeckt gehen lassen.

100 g Butter
100 g Honig
1 Ei

Auf leicht bemehlter Arbeitsfläche Teig nochmals durchkneten. Mit dem Nudelholz zu einem dicken ovalen Teigstück in Backblechlänge auswalken und zur Formung eines Stollens übereinanderschlagen. Auf ein leicht gefettetes Backblech legen und mit dem Teigschaber die Stollenform nacharbeiten. Mit einem Tuch bedeckt 15 Minuten gehen lassen.

zum Bestreichen:
2 EL flüssiger Honig (50 g)
2 EL Wasser

Abb. S. 26/27

Bei 175°, 2. Schiene von unten, 45–50 Minuten backen.
Dann Honig mit Wasser verrühren und Stollen damit bestreichen. Noch 5 Minuten im ausgeschalteten Ofen belassen. Auf einem Gitter auskühlen lassen.

Dieser Stollen kann schon am nächsten Tag angeschnitten werden.

Zeidler-Brot

250 g Butter
400 g Honig
4 Eier

250 g Haselnüsse
125 g Mandeln
125 g Zitronat

600 g Weizenvollkornmehl
4 TL Backpulver
5 TL Kakao
2 TL Zimt
1 gestrichener TL Nelken
20 g (5 TL) Lebkuchengewürz
(siehe S. 25)

zum Bestreichen:
1 Eidotter

Abb. S. 9

Butter mit Honig cremig rühren und Eier nacheinander dazugeben. Grob gehackte Haselnüsse und Mandeln und fein geschnittenes Zitronat unterrühren.

Frisch gemahlenes Weizenvollkornmehl mit Backpulver, Kakao, Zimt, Nelken und Lebkuchengewürz mischen und langsam dazurühren. Teig nun 2 Stunden ziehen lassen.

Auf leicht bemehlter Arbeitsfläche Teig je nach Belieben in 2–4 Stücke teilen und daraus längliche Laibe formen. Auf ein leicht gefettetes Backblech legen und mit Eigelb bestreichen.

Bei 200°, 2. Schiene von unten, 40–50 Minuten (je nach Laibgröße) backen.
Auf einem Gitter auskühlen und einige Tage durchziehen lassen.

Erwina Lidolt
Dinkel-Kochbuch
Vollwert-Trennkost-Rezepte

160 Seiten, Spiralbindung, kt.
S 198.–/DM 29,80
ISBN 3-85329-730-7

Erwina Lidolt
Vollwert-Trennkost
Erprobte Rezepte

136 Seiten, Spiralbindung, kt.
S 198.–/DM 29,80
ISBN 3-85329-819-2

Norbert Langmayr/
Ingrid Zauner
Die richtige Ernährung

96 Seiten, kt.
S 128.–/DM 18,80
ISBN 3-85329-718-8

Helga Fruhmann-Fontana/
Luzia Kruckenhauser
Vollwertküche für Einsteiger
Fleischlose Vollwertmenüs mit
praktischen Tips zur gesunden
Ernährung

132 Seiten, 14,7 x 21 cm,
Spiralbindung, broschiert
S 198.–/DM 29,80
ISBN 3-85329-866-4

Franz Hasengschwandtner
Abnehmen – aber richtig
Erprobte Ratschläge eines Diät-
Arztes

Broschüre, 134 Seiten
14,8 x 21 cm
S 148.–/DM 22,–
ISBN 3-85329-800-1

Norbert Langmayr/
Ingrid Zauner
Fitkost
Ärztlicher Ernährungsratgeber
mit Rezeptvorschlägen für alle
ab 45

104 Seiten, 14,7 x 21 cm,
Spiralbindung, broschiert
S 198.–/DM 29,80
ISBN 3-85329-865-6

Die Standardwerke der natürlichen Ernährung von Helma Danner

Helma Danner
Die Naturküche
Vollwertkost ohne tierisches Eiweiß
Mit einer ärztlichen Einführung von Dr. M. O. Bruker

368 Seiten mit
27 Zeichnungen plus
16 Seiten Farb-Abb.,
ISBN 3–430-12019-5
39,80 DM

Helma Danner
Die Bio-Kost für mein Kind
Die biologische Ernährung von Säugling und Kleinkind
Mit einem Vorwort von Dr. med. M.O. Bruker

ECON

160 Seiten mit
18 Zeichnungen
ISBN 3-430-12022-5
24,– DM*

Helma Danner
BIOLOGISCH KOCHEN UND BACKEN
Das Rezeptbuch der natürlichen Ernährung mit einem Vorwort von Dr. med. M.O. Bruker

ECON

288 Seiten mit
8 Farb-Abb. und
30 Zeichnungen,
ISBN 3-430-11998-7
29,80 DM*

Helma Danner
Die Bio-Kochschule
für unsere Kinder

270 Seiten incl. ca.
400 Textzeichnungen
ISBN 3-430-12016-5
29,80 DM

ECON